www.tredition.de

AF217387

ZUZANNA GINCZANKA

# VON ZENTAUREN

und weitere ausgewählte Gedichte

aus dem Polnischen übersetzt

von Bernhard Hofstötter und Hanna Kubiak

mit einem Nachwort

von Bernhard Hofstötter

www.tredition.de

© 2021 Bernhard Hofstötter und Hanna Kubiak
Umschlag und Satz: Bernhard Hofstötter
Umschlagbild: Axel Hofe, unter Zugrundelegung einer Miniatur aus dem
Rutland Psalter, ca. 1260, British Library, London (Add MS 62925, f.58v)
Abbildungen: Bernhard Hofstötter

Verlag und Druck:
tredition GmbH, Halenreie 40-44, 22359 Hamburg

ISBN
Paperback:        978-3-347-23232-7
Hardcover:        978-3-347-23233-4
e-Book:           978-3-347-23234-1

# Inhalt

# VON ZENTAUREN

{1936}

## VON ZENTAUREN

Reim um Reim reiben sich geschliffene Verse rasselnd ab
— vertraue nicht präzisen Erwägungen, damit nichts von dir
    Besitz ergreife,
— vertraue nicht wie Blinde den Fingern,
und auch nicht den Augen wie handlose Eulen —
hier verkünde ich Leidenschaft und Weisheit
eng an der Taille verwachsen
wie ein Zentaur. —

Ich bekenne die erhabene Harmonie des männlichen
    Torsos und Hauptes
mit dem ausgewachsenen Körper des Hengstes und der
    schlanken Fessel —
— zu kühlen Frauenwangen
und Knäueln rundlicher Stuten hin
galoppieren prächtige Zentauren
im Geläut der Hufeisen aus den Wiesen der
    Mythologie.

Ihre Leidenschaft, geballt und weise,
und ihre Weisheit, glühend wie die Wonne,
fand ich in erhabener Harmonie wieder
und verschmolz sie in der Taille und im Herzen.

Sieh her:
Ein Gedanke
von antikem Antlitz
vertraute erhitzten Pferden seine Göttlichkeit an,
wie gefesselte Rösser über den Hahnenfuß
treiben zitternde Sinne zum Juni hin.

# PROZESS

1.
Im Anfang waren Himmel und Erde:
Schwarzes Fett und kornblumenblauer Sauerstoff –
und Hirschkälber
bei geschmeidigen Hirschen
mit Gott, weich und weiß wie Leinen.

2.
Kreide,
Jura,
Trias,
der Erdboden verteilt sich in Schichten auf Glas –
das Miozän stürmt mit einem Panzer in die majestäti-
      sche Eroberung ein.
Und eine Scheide verläuft zwischen dem Wasser
und dem Erdboden der Farne und Birken
– und Gott sah, dass es gut ist, wenn die Schöpfung in
      einer Röte sich erhebt.
Stickstoff verbrennt sich in der Lava,
die Lava erkaltet zu Siegellack,
Berg
klettert
auf Berg
rittlings mit kosmischem Getöse,
Karbon sättigt die Erde mit Steinkohlebrei —

— und er sah, dass es gut ist für feuchte Strände und
     Sterne.
Eisen pulsiert am allerblutigsten
Phosphor verfestigt sich im Schienbein — —
— doch er pfeift mit singendem Luftstrom auf den
     Hirtenflöten der Krater.


3.
Im Anfang waren Himmel und Erde
und Hirschkälber
und Rehkitze.
Doch weiter änderte sich der Ablauf:
Hier ist
das Fleisch
Wort
geworden.


4.
Einst erbebte unter einem wohlriechenden Engel ein
     prächtiger Rhododendron,
es knirschten und knackten Schachtelhalme so groß
     und hoch wie ein New York.
In Konin, Brest und Równe
auf den Grünflächen
verblühen Gänseblümchen,
und Polizisten
in den Nächten
lieben

angetraute
Ehefrauen.

## HOCHMUT

Es treffen auf vierschrötige Burschen aufgeregte Weizenjung-
fern,
Engel mit frischem Atem zeigen Astralleiber.
Ich weiß:
Ich verwickelte mich in Gut und Böse
wie in hundertfache Dreiblättrigkeit von Klee –
es klingen Äpfel jeglicher Erkenntnis vermischt in Bastkör-
ben.

Ich soll also nach dem Weg fragen,
zu D i r,
verirrt auf Querwegen der Träume?
So viele Male schon verdunkelte der Tag mit
schwarzer Nacht die blauen Augen –
Achtzehn rostbraun gewordene Junis
werden,
schreiend,
die Frage nicht hören –
Achtzehn Winter werden weißhaarige Winter, taub-
stumm wie ein Stamm, nicht hören.

Weibliche warme Zungen zerreiben Blätter und streuen
Worte in den Wind –

eine fanatische Schlange aus Aluminium flicht Nester auf dem
  Paradiesbaum.
Ich weiß nicht, H e r r,
was gut,
was schlecht ist –
auf die achtzehn Jahre starrend –
streng und wachsam lauschend
immer hochmütiger,
immer weiser,
weiß ich es nicht.

## CANTICUM CANTICORUM

Weinbeeren schäumen,
   eine duftende Narde
      durchströmt schwer die Gärten –

Ich hütete für meine Brüder die Herden
   in sonnendurchfluteter Hitze –
      deshalb bin ich dunkelhäutig;

Die marineblaue Nacht surrt.
   Von gelben Sternen
      äscherte sich der Himmel glutrot ein.

Die glühenden Augen verberge ich,
   in den Wimpern ein Zypressenwald,
      wie die Teiche zu Hesbon.


„O meine Geliebte, öffne –
   ich habe den Garten umrundet –
      ich habe eine lose Rose in den Locken –

Ruf mir deinen Mund in Erinnerung,
   ich errate erneut,
      ob du am Abend vom Apfel getrunken hast" –

„Wie soll ich dir öffnen
die quietschende Tür –
Da ich meine Kleider schon abgelegt habe,

verfluchen mich die Mütter dreifach,
und die Herden von Ziegen
geben keine süße Milch."


Die marineblaue Nacht surrt
und die wogenden Stämmchen der Weinberge
und Feigenblätter –

Und ich kann überhaupt nicht einschlafen.
Ich öffne die Holztore –
– doch der Geliebte war verschwunden.

Der Duft von Safran und Kassie.
Öl war ausgelaufen
und Myrrhe fließt an den Griffen des Türriegels
aus.

Der Pfad verweht langsam
wie eine aufgetrennte Naht –
schwarzäugiges Dunkel hinter der Veranda.

Ich suchte ihn – ich fand ihn nicht.
    Ich rief ihn
        — doch er antwortete mir überhaupt nicht.

(Und er ist schön wie ein Stern
    Wie der Himmelsgrund —
        Jeder wird ihn daran erkennen).

Ich beschwöre euch Jungfrauen in Düften
    bei dem Reh im Dickicht,
        bei der wie im Anschwung drängenden Hirsch-
        kuh:

Sucht nicht beizeiten die Liebe
    Weckt sie nicht,
        solange sie nicht von selbst zu euch kommt.

# INHALT

Der träge und schwere Pazifik braust unter einer glasigen
    Oberfläche,
ein rosafleischiger Panther sprengt das Seidenfell –
ein biblisch-göttlicher Wal verspritzt glühenden Tran,
so wie ein göttlich-biblischer Erzengel mit Glanz auf die Ge-
stirne triefte.


Siehst du –
deshalb ist das so.
Schwarzerde sprengt den Bürgersteig.
Unter jeder schweigsamen Hülle witterst du das Feuer-
    werk des Inhalts.
Der Himmel wird von Sternen ausbrennen
wie von verloschenen Fackeln –
eine Flut und Ebbe von Zügen werden eine heranbre-
    chende Zeit verkünden.


Und wenn du schreist:
„Lachen",
wiehern zweiunddreißigzähnige Weiber auf.
Doch wenn du flüsterst:
„Tod",
erstickt
taubstumme

Blindheit.
Zitternde Tiere spannen sich an, die du aus der Wildnis her-
    ausgelockt hast,
deren Namen du in Worte fasstest,
die du mit ihren Namen rühmtest.


Begebenheiten, rot und warm, werden durch
        Sätze geboren wie durch Mütter,
Inhalt detoniert in einem glucksenden
        Blutsturz mit qualvollem Lied.
Der Name quillt auf in der Welt –
die Welt pludert im Jenseits –
– und du
sprichst aus
mit Fleisch bewachsene Worte –
wie der Schöpfer –
mit Furcht. –

# VERUNTREUUNG

O ihr mit Rubeln und Talern klingenden Tage,
mit Tscherwonzen läutete der Juni an,
schüttelnd klingelte er im Portemonnaie –
um Mitternacht
wie auf den Bildseiten
schimmerte der Mondenglanz –
– Mittags
wie bei Adlern
schlug die Sonne in die Augen mit Ähren –


– und ich bin allein, und ich bin schwach
inmitten vom Schwärmen
vergaß ich, dass diese Tage sind
die d e i n e n.

# SCHIFFFAHRT

In einer pechschwarzen dichten Arche eigener glutroter An-
    gelegenheiten
umschiffe ich
das peitschende Auseinanderdriften der Sintflut
und die sausende Welt –
Zärtliche Täubchen führte ich aus einem fernen Schneesturm
    der Visionen hinaus,
Amphibien aus glänzender Mika
und biegsame, stattliche Otter.


Symbole mit kosmischen Flügeln
und mit Lack bedeckten Fangzähnen
krallten sich in den falben Mähnen der Tiere
    von der biblischen Arche fest.
O stumpfe Elefanten, die Träume von Faulheit auf den
    Köpfen wiegen!
O Hochmut, o mit Ekstase in Löwennacken
    gehackte Adlerfänge!

An die Barke schlägt die Welt mit metallischer
      Welle –
– dort
      eine finstere
          Schleuse
             des Chaos,
die feindliche verbissene Sintflut –
– wie viele Tage noch, bis in den Tälern auf geschmeidigen
      Taillen
Apfelbäume mit rosa Lockenwicklern mit Emaille aufglän-
      zen? –
– und hier duftet es nach Harz,
die Essenz kräftigt sich von Farben,
der drahtige Sopran der Märze wickelt sich um den Alt der
      Julis.
In einer pechschwarzen dichten Arche eigener glutroter An-
      gelegenheiten
umschiffe ich das peitschende Auseinanderdriften der Sintflut
und die sausende Welt.

## FELL

O allerweichst ausgestopfte Luchse, Wildkatzen und Pumas,
Füchse mit gelbem Futter und gelben Augen aus Glas,
o verstreutes Vlies, flach und schlau aufgezogen,
verstreute Morgen
dicht auf Träume gespannt,
o morastige Wolfswaldnadeln wie Jungkiefernhaar,
ein Chaos aus Bärenborsten,
Verwirrungen trüber Tage —
— ich kämme dich mich starker Verachtung,
o Fell meiner verwehten Lenze,
loses, flauschiges Fell
ohne Fleisch,
Knochen
und Blut.

# GRAMMATIK

(– um in die Wörter so wohlgemut hineinzuwachsen
und die Wörter so leicht liebzugewinnen –
braucht es nur, sie in die Hand zu nehmen und wie Burgun-
der im Licht zu betrachten).


Adjektive strecken sich wie Katzen in die Länge
und wie Katzen sind sie für Liebkosungen geschaffen
weiche, warme und sanftmütige Katzen schnurren
    Zärtlichkeit andante und maesto.
Weiche Katzen haben Seen in den Augen,
    und grün bealgte Abgründe sind am Seengrund.
Ich blicke schläfrig in Katzenpupillen
g e h e i m n i s v o l l, g l ä s e r n und v e r-
    r ä t e r i s c h.


Hier ist Körper und Gestalt, hier ist der unentbehrliche In-
    halt,
die Konkretheit des Wesens der Dinge, geschmiedete Materie
    im Substantiv,
und die Unbeweglichkeit der Welt und die Ruhe von Starre
    und Beständigkeit,
etwas, das fortwährend andauert und ist, ein im Körper kon-
    zentriertes Wort.
Hier sind schlichte T i s c h e und harte hölzerne B ä n k e,

hier sind zerbrechliche und feuchte G r ä s e r aus
    pflanzlichem Gewebe,
hier ist eine r o s t r o t e Kirche, die gotisch zu Gott aufragt,
und hier ist das allereinfachste venös-arterielle menschliche
    H e r z.


    Dagegen ist das Adverb ein plötzliches Wunder,
    überraschende Hervorbringung aneinandergeriebener
        Feuersteine –
    da war etwas, doch unklar wie –
    und sofort schon ist es k r e u z u n d q u e r,
    ein b e i d h ä n d i g umschlungener Gedanke, und es
        ist s i c h e r, w e h m ü t i g und g u t.


Und die Pronomen sind winzige Zimmerchen,
wo in den Fenstern kleine Blumentöpfe wachsen.
Jedes Winkelchen ist eine Erinnerung an früher
Und sie sind nur f ü r d i c h und f ü r m i c h.
Mit geheimem Abakadabra
stehen hier die Rechte der Liebesalgebra in Blüte:
i c h – b i n d u, d u – b i s t i c h (Gleichung)
i c h o h n e d i c h – d u o h n e m i c h ergibt Null.
Wir lieben es, umschlungen in den Abenddämmerungen
in den kleinen Wörtern wie in kleinen Schubladen zu wühlen.
I c h b i n d u – d u b i s t i c h. Gleichung.
Und die Pronomen sind so geheim wie Blumen,
wie winzige, winzige Zimmerchen,
in denen du vor der Welt versteckt wohnst.

(– nimm also die Wörter nur in die Hand
und betrachte sie wie Burgunder im Licht,
um in die Wörter so wohlgemut hineinzuwachsen
und die Wörter so leicht liebzugewinnen. –).

# JUNGFRÄULICHKEIT

Wir...
Ein Chaos von niedergedrückten Haselnusssträuchern nach
    dem Regen
duftet nach der Masse fetter Haselnüsse,
Kühe gebären an schwüler Luft
in Ställen, die wie Sterne leuchten. –
O reife Johannisbeeren und Getreide
voll zu einer Flut anschwellender Saftigkeit,
o Welpen stillende Wölfinnen,
süß wie die Lilien sind die Augen der Wölfinnen!
Harze rinnen herunter von Honigbienenstöcken,
das Ziegeneuter ist trächtig wie ein Kürbis –
– es fließt weiße Milch wie die Ewigkeit
in den Tempeln mütterlicher Brust.

Und wir...
... in hermetischen Würfelchen
gleich einer Thermoskanne aus Stahl
mit pfirsichfarbenen Tapeten
bis zum Hals in Kleider eingewickelt
führen wir
kultivierte
Gespräche.

## DAS EINE

Mit einem Bumerang geschleuderte Tage kehren mit den
    Pfeilspitzen der Erinnerungen zurück:
Es kokettierten fabelhafte Mägde,
Wollschafe stiegen von den Bergen –
– was dich durch alles trieb, – überlege, berechne mit wachem
    Sinn,
was dich durch das Lied trieb –
    ein singender Wald –
        Baumgesang –
           Hochwald –


O Aquarelle der Morgen, fettige Öle der Mittage,
schläfrige Pastelle der Abende und kohlenschwarze
    Nächte!
Durch klare Quelle schöpften sie eimerweise Wonne
    aus dem Brunnen –
das trieb dich,
das,
durch Surren, Banner und Bänder.


Das treibt dich heute durch Zärtlichkeiten:
(– es fahren geräumige Schiffe
voller Lichtmessmadonnen mit Haut aus Berührung und
    Wachs,

junger Damen voll Süße, liebevoll und lächelnd,
es duften die Gesichter nach Schlüsselblumen und rotem
    Kapuzinerkressenhaar).


    Das treibt dich durch Pathos:
    (– Es erkalten die Postamente der Siege.
    Die Hand detoniert dir vertikal. Die Standarte detoniert
        über der Hand.
    Blitze fahren in Apfelkerne. Mit dem Donnerschlag fällt
        das Leben hin.
    Und die Begeisterung berauscht wie ein Duft. Eine
        Schwarzkirsche trommelt an die Schläfe).


In einer wortlosen arktischen Vergangenheit streichst du mit
    Landkarten der Erinnerungen herum –
O maßloser Eimer
Zinneimer ohne Boden!
Aus klarer Quelle schöpfst du Wonne aus allen Schlüsseln.
Ich überlege, berechne und weiß:
– das ist das eine,
das treibt dich.

## VERRAT

Beschränken kann mich niemand.
Die Sünde von Wildleder und Fledermäusen
hängt auf Speichern der Angst mit halbem Mausekopf nach
    unten–
In der Abenddämmerung werde ich mich aus dem
    Turm schleichen, dem befestigten Turm entfliehen,
die Bisse stechender Wespen hindurch,
einen Stacheldraht aus vergifteten Kräutern hindurch –


Schwer entstehen aus Schutthaufen die prägenden Fels-
    gipfel der Gebote
die zwanzig Höllen der Veden,
Flammen,
Heulen
und Sausen,
eine fanatische Nacht droht, sie werde mit Sternen ver-
    steinern,
ich werde mit Quecksilber aus den Fingern schlüpfen.
Beschränken kann mich nichts.


Du verwandelst dich in einen Wolf, ich in eine Bachstelze –
du in einen Adler, ich in ein verschlungenes Flittchen – –
durch rätselhafte Eingabe komme ich jeder deiner
    Verfolgungen zuvor.

Beschränken kann mich die Welt nicht,
o Liebster – o Teurer – o Lieber,
wenn ich nicht
selbst
die süße Maien-
treue möchte.

## KLARSTELLUNG AM RANDE

Ich bin nicht entstanden
aus Staub,
ich werde nicht zurückkehren
zu Staub.
Ich bin nicht herabgestiegen
vom Himmel
und werde nicht in den Himmel zurückkehren.
Ich selbst bin Himmel
sowie gläserne Decke.
Ich selbst bin Erde
sowie fruchtbarer Boden.
Ich bin nicht geflohen
von nirgendwo
und werde nicht zurückkehren,
dorthin.
Außer mir selbst kenne ich keine andere Ferne.
In vom Wind aufgeblähten Lungen
und in verkalktem Gestein
muss ich
mich
hier
zergliedert
finden.

# FREMDHEIT

Schau:
Ein purpurner Troubadour hat den Festtag mit Zurnen kund-
        gemacht –
Händler vertreiben Scharlachrot und Quäntchen duftender
        Salben –
auf gläsernen Stelzen des Soprans schwanken ermüdend Sän-
        gerinnen –
Tänzern klirren die Oberkörper und der Oberschenkel glän-
        zendes Ornament –
– und du hast dich daran gewöhnt
auf bemessener
Straße
tagaus, tagein,
doch ist in dir ein unabwendbarer Tod
wie eine in den Venen kreisende Nadel.
Die Freude zieht vorüber
fern
in einem rosaroten Festtagsboot
auf einem weit entfernten, fremden Fluss
aus Ultramarin und aus Ton.
Sie sagen über deine Trauer: „plattfüßig und kleinwüchsig“,
sie sagen über deine Wehmut: „weiße Schminke, Duftöl,
        Rouge“.
Weder Lyrik aus zärtlichen Batisten
noch schweres Epos aus Brokat
offenbart dir,

niemandem,
eine Ahnung von jenseits der sieben Meere.

## MANIFEST

*These*

Tiere mit rauen Zungen erkannten wahrhaftig den Ge-
schmack.
Liebestrunkene und hungrige Wölfe sind voll Wissen und
Empfindung.
Hier ist das Jetzt:
Insekten nagen daran im Flieder,
Wespen mit scharfen Stacheln verbohrten sich in Nektar bis
auf den Grund.
Auf dem Rost kreist die Erde – ein duftender Hirschbraten,
die Sonne brennt mit kienigem Feuer rötend ein Zeichen.
O Festmahl der Fleischfresser!
Auf der Hut vor ewigem Hunger
erkannten Tiere mit rauen Zungen wahrhaftig den Ge-
schmack.

*Antithese*

Menschen mit schwachen Muskeln kennen Nachgeschmack
und Vorgeschmack.
Nachgeschmack – Geschichte der Greise.
Vorgeschmack – Lichtschein der Propheten.
Doch im Geschmack das Fleisch eines zermarterten Hirns,
ein warmer und saurer Kirschbaum

und eine vom Saft aufgeweichte Pflaume gedeihen fern hinter
dem Fenster.
(Geschichte: „o Frühling der Völker, Aufruhr wie ein Feuer
im Wald,
o Jahr Achtundvierzig, brausend und unauslöschlich!"
Prophezeiung: „o Frühling der Kolonie, auf den Meeren blü-
hender Frühling,
im Jahr Achtundvierzig kommst du mit einem Großbrand der
schwarzen Kontinente!")
Sie nisten sich ein in Ziegenhäuten,
in Fellen friedfertiger Bären,
wissen,
dass war –
dass sein wird –
und heute: eine leere Augenhöhle.
Heute müht sich der tägliche Halbmond in wolkiger Milch ab
und im Café wachsen Tischchen aus Baumstümpfen abge-
storbener Gärten.


*Synthese*

Ich kenne den ausbalancierten Vorgeschmack,
die grenzenlose Stille des Nachgeschmacks,
und ich liebkose den Augenblick mit dem Mund,
während er warm
aus dem Schlaf erwacht.
Ich bin nichts anderes als eine kluge Tierart
und nichts anderes bin ich als eine wachsame Menschenart.

## ANSTELLE EINES ROSAROTEN BRIEFES


Meine winzige Stadt hat allzu viele Gassen –
(ich kann dir nicht begegnen, obwohl ich alle täglich zähle).
Meine winzige Stadt hat nicht genug Gassen –
(es gibt keine einzige, wo zwei sich begegnen würden).


Meine winzige Stadt könnte über Tausenden stehen,
die lange, sich lang hinziehende Bürgersteige haben,
und über jedem würden Millionen schmaler Häuser ste-
hen
wie Kürbisse voller Kerne, wimmelnd von menschli-
chem Gefieder –
– und jede als täglich andere, mit deiner Liebe gefüllt,
könnte Begegnungen in diesen Häusern zum Festtag
ausrufen,
in diesen Häusern riesiger bunter Tasten –
– – und wir würden gehen,
ewig,
und in uns wäre Stille.


Meine winzige Stadt könnte an einer sehr kurzen,
nur einer einzigen, wie ein sich dahinschlängelndes Bächlein,
stehen,
und die Gasse könnte nur zwei Häuschen haben
gegenüber fröhlich lächelnden Glöckchen ——

— wir könnten eines Abends oder Morgens hinausgehen
aus unseren Häusern: als Lächelnde, Freudenüberströmte,
        Frühlingsgelaunte
und sofort uns begegnen glockenschlagenden Herzens, mit
        ineinander verschränkten Händen
und uns in die Augen schauen
ewig
ewig
ein Leben lang.


Meine winzige Stadt hat allzu wenige Gassen
und allzu viele Gassen,
die zusammenzuzählen mir nie gelingt.

# DER FANG

*Die Fischerin:*

Mit Augen gleich Sicherheitsnadeln heftete ich mich
    spitz an die Welt –
ein gelb abgefeuerter Strahl drang in die Augen wie ein
    Bohrer –
unvermittelt fiel mit einer Feuerscheibe
Glanz auf den Widerschein der Pupille –
unvermittelt entriss sich beim Zutun der Lider
die Welt dem Zugriff des Auges.
Eine Fischbucht der Erscheinungen
umwickle ich mit Netzen der Sinne –
Schau:
Der weiße und glatte Fisch ist der weiße und glatte
    Tag –
Das Knirschen von Kies, Körnern und Schlacke
bekundet Dinge mit einer Vermutung –
ich werfe die Netze aus und sage:
„was ich weiß,
was ich weiß,
das weiß ich". –

*Das Meer:*

Ich habe mich überall überschwänglich ausgegossen wie
    ein Epos
zu grünem Gesang von Blättern,

zu rotem Gesang von Blut –
glaub an mich,
glaub in Abwesenheit,
wie an das Epos glaub blindlings,
wie an das Epos der weißfleischigen, silberschuppigen
Tage –
ich habe den Fichten nach einem Schnitt in die kienige
Rinde Leben eingespritzt
ich –
das aufgewühlte Meer – eine von Gesang mit Schaum
bedeckte Welt.
Und du –
Fischerin vom Ufer,
öffne die Lagerstätten der Aphorismen,
denn mit dem Mund,
den Fingern,
den Ohren,
fängst du nur den Wind ein – –


*Die Fischerin:*

Ich werfe die Netze aus und sage:
„was ich weiß,
was ich weiß,
das weiß ich – – "
ich weiß, welchen Geschmack Apfelmus auf den Lip-
pen hinterlässt–
Kirschen schlaftrunken wie Münder senken sich aus
schlaftrunkenen Bäumen –
eine in zwei Herzen geschnittene Birne

trägt ein im Saft verfließendes Zeichen.


*Das Meer:*

> (mit Gott streitet sich die Erde mit vor Erregung heise-
> rer Stimme –
> Sie dröhnt und Lava verflucht die Erde mit Donner
> und Geheul –)
> Fischerin von jenem Ufer, du wirfst dein Netz verge-
> bens aus:
> Mit Fischen, die du nicht entdeckst,
> brodle ich wie eine Brühe über die Ufer –
> du sprichst am Ufer über das Netz,
> die fünf Sinne verbindest du mit einer Winde,
> doch weißt du nicht, an wieviel es dir mangelt, um zum
> Fang aufzubrechen –
> wie duftet der Mond bei Frost?
> Und welchen Geschmack hat mein Grund?
> Wie erfasst du
> in löchrigen und engen Sinnen
> Heerscharen
> von Engeln?


*Die Fischerin:*

> Ich weiß von Schlacke und Kies nur,
> dass sie knirschen –
> von der mit einer Schuppe platschenden Welle,
> dass sie spritzt –
> von der Sense, die diagonal im Gras glänzt,

dass sie zufrieden ist –
und vom Glanz der Münder und Gesänge,
dass man davon träumt – –

# WEITERE AUSGEWÄHLTE GEDICHTE

{1933-1942}

WEGE

*Glück ist niemals großartig.*
(A. Huxley)

*1. Sonate pathétique*

Es ist großartig, das Leben, das überschwängliche Leben mit
    einer Kugel zu beschließen –
das Herz, das allerlebendigste Herz schwillt an vor Stolz wie
    der Neumond –
„das Leben geben wir hin, das Leben" für das Recht eines je-
    den Vaterlandes,
die Herzen haben in uns Wurzeln geschlagen, die Herzen in
    den Wörtern der Muttersprachen; –
        die Stacheldrahtlinien sollte man „mit Blutstropfen"
            markieren
        wie mit Noten von Chopin – das Rattern von Ge-
            schützsonaten –
        es gibt kein *da capo al fine*, stattdessen ein „das schreckt
            uns nicht ab",
        wir werfen mit uns die Gedärme weg, wenn der
            Schlussakkord kommt –
denn sinnlos und mucksmäuschenstill ist die Verzweiflung,
    und wir streichen „die ungeheure Menge an Begrüßun-
        gen"
und zwar mit pathetischer Geste wie einem Blutstrom, oder
    einem Ausrufezeichen!
Uns blieb der großartige Schrei purpurroter Aufopferungen

und die Größe hohler Namen, was „überlebt hat und nicht
erloschen ist".


## 2. *Abgeschiedenheit*

Hinter einem Zaun murmelt über etwas
üppig wie ein Mütterchen eine Esche –
und ich habe blaue Augen,
die Tiefen sonnendurchfluteter Seen –
    inmitten einer Bohneneinöde schlummert
    die Gemüsefreude des Gartens –
    und du hast dunkle Augen,
    in denen man sich verlieren kann –
O Gott! – Du hast dunkle Augen,
und ich habe blaue Augen...
wir werden sicher
wunderbares Glück haben wie ein Kind. –

                                      {1933}

# AUGUSTFRUCHTBARKEIT

– – o blasse Mütter rotbackiger Kinder, o fruchtbare, stolze,
   fröhliche Mütter,
ihr werdet gehen, die Saftigkeit der Kirschen aus kindlichen
   Liebkosungen von samtweichen Händen zu
   entfernen –
ihr werdet in sengender Augusthitze gehen, die fruchtbare
   Folge empfänglicher Herzen zu heiligen,
ihr werdet mit nackten Füßen gehen, die lose, fette, schollige
   Schwarzerde anzubeten – –
Ich sah den Mund (wie Fruchtfleisch) der vom Halbschlaf
   trägen Landmädchen.
In der melodischen Wärme schlafender Gärten schlummert
   Wehmut in Spinnennetzen aus Zwirn –
In den Stachelbeersträuchern der Obstgärten keimen im Saft
   Sekunden unerwarteter, duftender Geschlechtsreife.
– – ihr werdet gehen, mit den Nasenlöchern die Düfte der
   goldschimmernden Harze in den warmen Hölzern ein-
   zufangen – –
An den süßen Mittagen der Sonnenstürme gehet hin und ver-
   kündet die Heiligkeit der Geburt,
auf die Roggenähren blickt mit einem Lachen gegen die
   Sonne, wie auf das tägliche Brot der sommerlichen
   Freude –
euch ist es erlaubt, das Ende der Wechseljahre zu preisen, das
   der Anfang der Empfängnis sein wird.

(Alles ist vergänglich – nichts endet in der sengenden Glut
    der Sonne, die verwandelt).
Und bei Nacht nehmt die Strohkörbe und träumend greift
    unbeschränkt zu –
– ihr werdet gehen, die Fruchternte roter Äpfel und reifer
    Träume zu heiligen,
in den Ästen der Birnen hing euch der Mond fest wie ein gol-
    dener Kahn auf einem Christbaum,
und auf den Lippen der Himbeeren sind die Legenden von
    Herzen still, die die Mitternacht abtrennte – –

{1933}

AGONIE

Gelbe Sterne zeichnen sich ab
zu einer rührseligen Lyra –
Artemis, weiß und schlank,
betrachtet sich im Mondspiegel –
So erging bereits aus Sternenkonstellationen
im Geheimen das Urteil:
nichts kann dich erlösen,
nichts kann dich bewahren:
     : Du stirbst, altes Europa,
     mit Pathos schwillst du an wie eine Leiche
     „o Frankreich, – o England, – o Deutschland,
         – o Litauen!!!"
     Du gleichst einem Schwindsüchtigen
     mit Reizhusten in soldatischem Rhythmus
     (: die Trommel hält den Takt der Füße als
         Geisel)
     Du verfällst durch ein Gangrän – die Polizei,
     du triefst vom Eiter der Gesetzbücher –
     – Du stirbst, altes Europa!
Wie einen Armvoll Schwarzkirschen
in einem schmalen Fläschchen platzieren?
Wie soll mir der sich aufbäumende Mai
am Halsjoch
die Tabulatur
beschleunigen?
Er zersetzte deine Ordnung, er soff

die Freiheit aus, wie süße Milchprodukte,
er fraß sich, die alte Kanaille,
durch den Honig erhitzter Blüten –
  O liebes Wimmern zu deinen Füßen
  wohin auch immer, wohin auch immer ich gehen
      werde,
  mein teuerstes Credo
  zwillingsgleich mit mir verwachsen –
  wir werden auf einen gewöhnlichen Wegweiser treffen
  und der Weg wird sich mit Herumirrenden spalten
  (: die Trommel hält den Takt der Füße als Geisel)
  Und es wird sich von Ästen entblößen
  gewöhnliches demütiges Holz;
doch im Gehirn wird aufkeimen,
wie in einer Haselnuss,
das Bewusstsein, winzig und schwächlich,
dass der Ausweg fast nebenan liegt
(über Zink, über Metall und Blei,
ein scharfer Strom mit einem Aufleuchten – fuhr durch)
: Du stirbst schon, Schwindsüchtiger,
du stirbst, altes Europa –
  So erging bereits aus Sternenkonstellationen
  im Geheimen das Urteil:
  nichts kann dich erlösen,
  nichts kann dich bewahren –
  – gelbe Sterne zeichnen sich ab
  zu einer rührseligen Lyra,
  Artemis, weiß und schlank,
  betrachtet sich im Mondspiegel –
                              {1934}

## PHYSIOLOGIE

Unter der sonnengebräunten Epidermis schmerzt gereiztes
    Blut –
in den verschlungenen Schleifen der Arterien gießt das Leben
    einen Strom aus,
drängt sich in die dünne Epithel der Lippe blutrot mit einem
    Halbkreis,
durch die Röte erhitzter Wangen möchte es mir in einem Ma-
    nifest hervorsprudeln –
ich freue mich: Leben! (Ausrufezeichen); ich gehorche den
    Atemzügen,
in etwa: 16 Jahre alt,
in etwa: ich bin glücklich,
und doch bin ich an einem Pfahl aufgespießt, meinem eige-
    nen Rückgrat
(in mir ist ein unabwendbarer Tod, wie eine in den Venen
    kreisende Nadel)
das kann man nicht umkehren,
das kann man nicht schönfärben:
in der Sonnenspalte kann ich die Hand hindurch fünf Kno-
    chen ausmachen –
unter der Apfelsine der Brust ist eine Rippe, trocken wie ein
    Zweig,
und unter elastischen Muskeln ist ein steif getrocknetes Ske-
    lett –
Mit Augen gleich Sicherheitsnadeln
heftete ich mich spitz an die Welt,

ein gelb abgefeuerter Strahl
drang in die Pupille ein wie ein Bohrer –
unvermittelt fiel mit einer Silberscheibe
Glanz auf den Widerschein der Iris,
unvermittelt entriss sich beim Zutun der Lider
die Welt dem Zugriff des Blicks –
du erinnerst dich an das Zeichen,
das eine in zwei Herzen geschnittene Birne ergibt –
und welchen Geschmack auf den Lippen
das Zerbeißen eines Apfels hinterlässt?
Das saftige Herausquellen der Kirsche,
wenn du sie an den Gaumen drückst,
ist wie eine schmerzliche Botschaft
und großzügiges Knistern des Julis –


Klarheit. Wachsamkeit. Und Habt Acht.
: die Waffe geschärft – Sinne
im Kampf mit dem Tag, was heute ist,
erobere ich den nächsten Tag –
das Knirschen von Kies, Mühlsteinen und Schlacke
ist wie eine geheime Vermutung von Wissen,
und Beute ist dies und das
und alles, all das, was ich weiß.
Kampf, billiger Sinnspruch,
in dem „Sieg Niederlage ist",
in dem du Viertelstunden gewinnst,
die du eigentlich bereits weggegeben hast.
Unter der glänzenden Klinge – der Pupille,
die hart und unentwegt zerteilt,

ertaste ich einen festen Rand –
leer wie die Null der Augenhöhle. – –

{1934}

## DER TAG

Bis zum Abend — bis zum Abend — bis zum Abend,
Hunderte von Watches, Longines mit rundem Ziffernblatt,
wie Mühlgang — schwerer Mühlgang — knirschender Mühl-
    gang,
durchmahlen, zerkauen, zerreiben den Tag in Sekundenmehl
    —
an der Decke wird sich ein Name ausbreiten,
die Fetzen der Stunden von gestern auf dem Boden wegfe-
    gen.
(mir wurde nicht beigebracht — mir wurde nicht beigebracht:
    zu warten –
bis zum Abend — bis zum Abend — bis zum Abend —
man hat mich gelehrt zu sagen: ich will —
man hat mich gelehrt — hol dir das Leben)
Der lange Tag ist träge dahingekrochen und hat vergessen,
    dass er schon dämmerte —
(man hat mich gelehrt: den Glanz einzufangen,
den Schimmer und blau funkelndes Geglitzer,
und Hindernisse mit Schwung zu nehmen,
der Beine Schwung und ein plötzlicher Sprung).
Das Leben geriet in einen Tag der Verzauberungen wie bei
    Andersen,
unbegreifliche weiße Gebete flüstert der Koran;
ich werde auf dich, Geliebter, blass warten,
bis zum Abend — bis zum Abend — bis zum Abend.

{1934}

## KONJUGATION


Ob es unbedingt nötig ist, etwas auszuwählen,
ob man nicht nichts beichten kann –
ein mit Wurzelwerk aufkeimender Ausdruck
drang in mich ein, schlug Wurzeln wie die Heimat;
meine Sprache ist mir Land,
ertragreich, schollig und gut –
Ob ich sie unbedingt zerschneiden muss
in ein – wie eine Flagge – quadratisches Programm?
Schau:
Mit Tau bedeckten sich bei Tagesanbruch
weißduftende, feuchte Akazien –
ich gehe, mit dem Wort wie mit Brot meinen Hunger zu stil-
    len
– – I c h   h a b e   r e c h t.


Die Hand am Steuer,
der Blick auf der Stoppuhr
nach vorn: nach dem Leben –
suchst du in Schräglage,
querfeldein suchst du…
… bis du es findest: das Leben.
Du findest mit Begeisterung,
mit der Hand hältst du
das Leben fest.
Auf Gussstahl krachend

mit der Schnauze, in der Tat
das Leben,
im Netz der Blattadern,
im hitzigen Blut das Rot
des Lebens
und Schlag um Schlag
mit jugendlichem Pathos
stillst du deinen Hunger –
in jedem Weiß des Tages
hast du rasende
Sensationen.
Die Hand am Steuer,
der Blick auf der Stoppuhr!
– – D u   h a s t   r e c h t.


Er schreitet abends blass und still über die Grünflächen –
schaut in die Tiefe von Mütterchenaugen – trocknet verstoh-
    len die Tränen –
schaut, schaut – wird nicht sehen – (das Herz seidenumhüllt
    in Tränen) –
denkt, denkt – wird nicht verstehen, (aber die Welt wird er
    von der Pein erlösen – )
Abends auf den Grünflächen, ein armer Schlucker,
möchte für die Welt alle Pein ertragen:
für Tanzlokale, für Bars, für Theater, für Kinos
und für meine und für deine und für unsere Untaten –
Abends auf den Grünflächen geht er langsam, bleibt stehen –
beißt sich auf die Lippen unter tränenreichsten und bittersten
    Litaneien:

Für alle verlebten Tage und vergangenen Stationen.
– – E r   h a t   r e c h t.


Wo alles sich mit einer Bewegung bemisst,
Schatten
mit hohler
Wehmut –
Wehmut
mit Schatten,
wo alles zu einer Meinung sich vereint –
dort gibt es nichts, außer uns –
Schnee ist dort: aus gleitendem Wort
und Ruhe: aus allerflauschigstem Schnee –
dort gibt es Einöden der Winde, auf den
         Streifzügen, Auseinandersetzungen,
das Gesetz der Schwerkraft hält uns nicht
mit auf Sternbilder fixierten Augen,
denn in Wahrheit ist dort die achte Dimension
und das bedeutet, dass wir sind –
– – W i r   h a b e n   r e c h t.


Die Anstrengung dehnt sich im Wort aus
auf Interjektionshaken;
(Gedichte – blutige Vorboten –
und das Herz – blutiger Anschlagzettel;)
Was können sie uns sagen,
die Worte, was sollen sie mit der Klinge zum Glänzen brin-
         gen,

dass es wehtut, wenn Aufruhr und Feindseligkeit
das Gehirn in Lappen zuschneiden wie Schinken?
Ob eure Worte sagen,
was von Bedeutung ist: den Muskel einschlagen lassen in die
    Arbeit –
ich habe nur dieses kleine Wissen.
– – I h r  h a b t  r e c h t.


Und sie auch –
und sie auch
und alle, die ich noch nicht kenne.
Noch zu früh ist mein Frühling,
um kreuz und quer
alles richtig einzuschätzen.
Zur Morgenstunde, in einem leuchtend blauen Augen-
    blick,
offenbarte sich mir allergeringste Weisheit,
dass es keine Grenzen gibt,
keine Wahrheiten,
der kurzen Prädikate,
der Trennlinien,
und alles zähle ich mit einer Ziffer,
ich verändere die Welt mit dieser Konjugation,
dass sie auch,
dass sie auch,
dass sie ebenfalls r e c h t  h a b e n.

{1934}

## FRÖHLICHE MYTHOLOGIE

Wie Atlas trage ich hochmütig auf den Schultern den eigenen
    Himmel –
nach oben verlängere ich mich mit der Senkrechten:
des Stickstoffs –
des Wasserdampfs –
des Sauerstoffs –
das Barometer des Herzens drückt das Blut wie quecksilber-
    nes Silber,
um das Gewicht der Glücksmomente zu messen,
auf der Pulsskala der Ansprache;


aber ich kenne gar keine Ziffern, über die die Zirkel Vorträge
    halten,
und ich kenne gar keine Zahlen der Barometerstände,
wenn nachts der Himmel Last
in den Ästen
meiner
Schultern
mit der Helligkeit der Sterne aufblüht wie eine kleinblütige
Kirsche –


Es ist nicht irgendein Trick:
das eigene Glück emporzuheben –
fröhlich,

frevelhaft
sich unter dem Himmel nicht zu beugen –
– wie Atlas trage ich hochmütig auf den Schultern das blaue
      Weltall,
in dem die Sonne mit kupfernen
Hahnenfüßen
den Verlauf
markiert. –

{1934}

# NATURE MORTE: DIE TOMATE

Mit einem dicken Strich für den Umriss sagt man: rundlich –
danach muss man die Linie
verfeinern
zu einer Ellipse;
kurze scharfe Konsonanten
in Strichen
zerrieben sich
im Umriss der sanften, bald wirren Schatten.
Das wird eine Tomate:
rot und fett –
die Ölfarbe muss reichlich triefen;
du musst
das Fruchtfleisch ertasten können,
das Obst eines zermarterten Hirns
in dicken und klebrigen Farben
glühenden Zinnoberrots.
Der Schatten ist stellenweise grün,
an anderen Stellen blau
und ohne Übergang schließt sich im hellen Rest eine Glätte
    an,
aber in der Mitte
regiert,
auf erhabenste Weise zufrieden,
mit großem goldenem Zepterpunkt:
allerhellster Glanz.

{1934}

## PANTHEISTISCH


Kein Gott hat sich mir
in brennenden
und lodernden
Büschen geoffenbart,
nicht zu mir gesprochen
in Feuerzungen
und mich nicht
flammend gerufen –
ich habe ihn in einem Busch
aus Flieder gefunden,
als er in knospigen
Zeichen wallte,
ich habe ihn allergrünst wiedererkannt,
als er mich durch feuchte
Blätter rief.
Na — und seither gehe ich erstaunt
        plötzlichen
        Überraschungen
entgegen,
wenn ein ausgehobener Maulwurfshügel
wie durch ein Wunder kolossiert wie ein Sinai —
versucht, ihr Zweifelnden und Bösen,
wie eine Glühbirne
die Sonne aufleuchten zu lassen;
ich spreche zu euch
hallo —

hallo —
ich:
ein fröhlicher Prophet —
ein Mädchen.


Straßen entrollen sich wie ein Band,
wie ein anlaufender
Film,
sich selbst überlassen,
und ich stolpere wie betrunken
entlang der Straßen,
entlang der Wege
über Wunder:
hier

in von nirgendwoher gewachsenen Feuersteinen
erstarrte die Zeit wie eine Synkope —
hier

das Licht rast dahin:
dreihunderttausend
Kilometer
in
einer
Sekunde –
hier

ich bin schlicht eine Schlagader,
die wie das Blut kreist
in der Welt,
wie Stickstoff –
hier

ein „traumstiller" Kuss
der Weltengetümmel verschweigt mir
den Lärm —
hier

eines Tages wird alles zu Ende gehen
so: ohne Vorwort,
ohne Vorahnung,
unvorbereitet,
und auf den zerbrochenen Schädel fällt
Erde
als romantisch fallender
Stern —


Wie schwer ist es, im Gleichgewicht zu bleiben,
unterwegs weinend
über die Wunder,
und sich nicht zuverlässig anlehnen zu können an
Gott,
der mir den Wind erzittern ließ
und die Vögel –
In mich floss der lebensspendende Gott mit rotem
  Blut hinein, das mühelos fließt,
doch hat sich mir keine
Stimme geoffenbart
in einem brennenden
und lodernden
Busch.

{1934}

# HOCHMUT

Wir sind
Mitte der Räder,
wir sind
Mitte der Lichter,
wir denken das Wort:
: „ich"
damit eingeschlossen wie mit einem Schlüssel:
Mein Bezirk, der z e n t r a l e Bezirk
möchte sich nicht mit deinem verbrüdern:
wir sind
Mitte der Räder,
und uns trennen
sieben Hügel – –


Die Räder erfüllen uns mit reifendem Stolz
weit und breit mit wachsendem Hochmut
– o Wasserwirbel
in den Seen,
– o Ruhm,
wie du dich ausbreitest!
Eben schon ist eine Bachwelle
wie im Blitz weiter
nicht zu hören –
schon verfahren wir uns im Übermaß
wie in Städten aus Stahlbeton.

– Worüber sprechen wir?
Über uns selbst,
dass es gut ist mit sich am Steuer,
dass die Freiheit uns Heimat ist
und unser hundertfacher Stolz.
– Worüber sind wir still?
Über den Kummer,
dass der Schädel mit dem Hackmesser zuschneidet,
dass im Hochmut –
in heranreifenden –
Wirbeln –
zeitgleich in uns
die E i n s a m k e i t reift – –

{1934}

# STERNE

*Gen. Franco erhält viele Briefe von Schülerinnen aus Polen,*
*mit der Bitte um Foto und Autogramm.*

(aus der Presse)

Sitzt ein trauriger A s t a i r   F r e d:
sichtlich auf den Hund gekommen –
früher mal an Applaus gewohnt,
fragt niemand um ein Autogramm,
niemand schreibt ihm Briefe wie: „Fred,
was wird mir ohne dich nur sein?"

Sitzt ein trauriger C h e v a l i e r,
nasebohrend, Tuch abgenutzt,
großes Lächeln jetzt sehr sauer,
wen kümmert edle Signatur?
Niemand schreibt ihm: „Maurice, Maurice,
bist du denn gesund, bist du krank?".

Sitzt ein trauriger T a y l o r   R o b e r t,
es gibt keine Briefe, kein Kuvert,
keine seiner Bewunderinnen
hat gestern seine Schellacks gehört.
Robert verharrt vor dem Spiegel:
– Kann es sein, sie mögen Clark mehr?

Sitzt ein trauriger C o o p e r  G a r y,
er trägt jetzt schwarzgerahmte Brillen,
seit einer Woche isst er nichts,
ließ sich einen Spitzbart wachsen,
wütend kämmt er den schwarzen Bart,
wartet auf Briefe, trinkt Wodka.


Ruhig sind Thorn, Graudenz und Kutno –
Darum sind sie ja so traurig,
Schulmädchen aus polnischen Städten
haben genug von den Filmsternen.
Lola, Irka und auch Janka
schreiben lieber an Gen. Franco.


General Franco! Rette sie,
schick doch deine Fotografie –
Weihnachtskugel in der Hand, Schick, Reiz,
mit sehr liebenswerter Widmung, in
schönem Kleid, bekannter Rolle:
„Dem sehr lieben Fräulein Lola".

{1937}

## ÜBERLEGUNGEN

Pegasus grollt mir heute
und hat sich ohne mich ins Jenseits aus dem Staub gemacht,
ich bin allein und erwäge
dieser Welt Probleme –
ich verwickelte mich im Geflecht
scholastischer Zweifel:
Liebe ich dich aus Dummheit,
oder habe ich aus Liebe den Verstand verloren?

{1937}

## PRESSE

Schreiberlinge hießen Dichterlinge
allerärmlichste Lumpen,

also erhoben die Dichterlinge ein Geschrei
und hießen die Schreiberlinge Lumpen,

die Schreiberlinge, mit schreiberischem Donnerschlag,
gaben ihnen heraus in zackiger Manier,

also blieben die Dichterlinge, unangenehm überrascht,
keineswegs dahinter zurück.

Die Schreiberlinge, mit großem Krach,
verdammten die Presse der Dichterlinge,

also erteilten ihnen die Dichterlinge mit Theaterdonner
in derselben Presse eine Lehre.

Die Schreiberlinge fühlten sich betroffen
und schossen mit einem neuen Argument los –

Um Mitternacht bevölkern die Straße
besessene Treue Leser.

{1937}

# WORTE IM WIND

Sehr schön und salbungsvoll,
mit sehr großer Anmut und Eleganz,
unterzeichneten sie, verabschiedeten sie
Erklärung um Erklärung.


Welch Begeisterung, welch Fieber,
Feuer jedes Wort, Flamme jedes Wort!
„Wir versprechen, wir versprechen
Hilfe, Hilfe, Winterhilfe!"


Ach, Papiere, ach, Papierchen,
ach, ununterbrochen eingetroffen und mehr und mehr gewor-
den.
Industrie und Handel gaben eine Erklärung ab,
wie ein Körper, wie ein Mann.


Landwirte versprachen zu Recht
und Advokaten in blütenweißen Gamaschen
und inbrünstig träumende Doktoren,
von Bazillen und Thermometern.

Und heute, da die Winterhilfe
die Erfüllung der Worte erfordert, sprechen sie einhellig ge-
    dehnt:
„Geld? Natürlich. Wir bitten sehr,
am Mittwoch in einigen Wochen".


Und sie kalkulieren, dass an jenem Mittwoch
bereits Frühling sowie Akazien sein werden,
und sie mechanisch, automatisch
diese Erklärungen ungeschehen machen können.


Sie verzögern, tricksen listig und gekonnt,
mit großer Würde auf kostbaren Gesichtern,
und zählen, zählen, sabbern und zählen
die winterlichen Kalenderblätter.

{1937}

## KLARSTELLUNG

Es hätte auf einfache Art und Weise passieren können,
da liegt der Hund begraben, die ganze Angelegenheit,
würdest du mich lieben, sonst nichts
oder würde ich dich nicht lieben.

{1937}

## FEUERVOGEL

Ich kenne meine Erfüllung nicht, so wie ich meinen Tod
    nicht kenne.
Umgeben von welchen Sandelbäumen und inmitten welcher
    Engel,
mit dem weisen Zungenstachel die Stimmbänder unterstüt-
    zend,
balzt und beunruhigt der Feuervogel im flammenden Gefie-
    der?


Unter dem zoologischen Himmel verbindet ein bestialisch he-
    chelnder Park
das Sternzeichen des Löwen mit einer heftigen und lebhaften
    Löwin;
ich laufe die Liebeshaine hindurch. Die Erde bricht zum Flug
    los,
der Himmel sinkt langsam. Sie stoßen neben meinen Lippen
    zusammen.
Wird mich hier der Flügel schlagen und die Augen mit dem
    Feuerschein lähmen,
wo der Juni mit der heißen Rose der Winde aufgequollen ist
    und blüht?
Ich laufe wachsam hindurch und schaue: im Gras Stirnbänder
    der Mädchen
und treffsichere Jagdbögen aus anderem verlorenem Wett-
    streit.

Der Liebende bemerkte und erkor mich – und da ist er,
        schreitend wie ein Löwe:
„Das Schiff läuft heute in die Zärtlichkeit aus, es wartet mit
        brausender Flagge."
Vergeblich. Ich weiß: ich komme nicht mit. Noch nicht hier,
        nicht jetzt
werde ich mich an dem Vogelgesang aus geschmolzenem Me-
        tall berauschen.
Denn da ist es: das Flattern des Durchflugs. Flügelschlag und
        Panik in den Träumen.
Der sanfte Mond kitzelt die im Durchflug verlorenen Dau-
        nen.
In der Ferne ein lang gezogenes Glucksen. Das Balzen. Und
        wieder
kenne ich meine Erfüllung nicht, so wie ich meinen Tod nicht
        kenne.


In die Schlacht führt mich eine Verfolgungsjagd aus den grü-
        nen Liebeshainen.
Der Feuervogel mit gleißend glimmendem Gefieder zieht
        Kreise über der Schlacht,
die Anführer kontrollieren die Rüstung, ehrenvollen Ruhm
        witternd,
ich verdecke das Gesicht mit einem Visier, eingedenk der rit-
        terlichen Bräuche,
und zücke das schwere Schwert – und die Augen lasse ich
        hoch oben kreisen.
Es rennt mein bronzener Anführer und verjagt mit der
        Stimme die Feinde:

„Das Schiff läuft in den Sieg aus, es wartet mit brausender
    Flagge!"
Vergeblich. Ich weiß: ich komme nicht mit. Der Feuervogel
    ist mir in einer Wolke ertrunken.


Schläfrig nehme ich das Visier ab und gehe, bewusst der Ver-
    luste,
in die erstarrten Unterwelten, voller unterirdischer Erinnerun-
    gen
und von den Wänden wehender Träume. Die Müdigkeit
    würgt meinen Kehlkopf
und hinter mir, mit einer einfachen Fahne, markieren Ge-
    dichte meine Spur.
In den Steinbrüchen der Traurigkeit versage ich mir die Vögel
    und Erfüllungen,
ich betaste die Säulen aus Basalt: „Herr – wiederhole ich sin-
    gend, –
prüfe mich mit Traurigkeit, Verzweiflung, dem Abgrund des
    Verderbens und des Verlustes,
versuche mich aber nicht mehr mit Glück, denn ich werde die
    Prüfung nicht überstehen."


Und plötzlich – das Flattern des Durchflugs. In der Ferne
    schwärmt mir meine Stimme,
in die grünen, saftigen Heine laufe ich wieder hinaus, und
    wieder,
mit dem weisen Zungenstachel die Stimmbänder unterstüt-
    zend,

balzt und beunruhigt der Feuervogel im flammenden Gefie-
der.

Aber es gibt keine vollkommenen Dinge – und deshalb stürzt
mich kein Ding

in die totale Liebe, totalen Zweifel noch Zorn,

der Feuerschein der Federn wird mich nicht lähmen, der Ge-
sang wird mich nicht wiegen,

und der Flügel mich nicht schlagen und zurückwerfen.

{1937}

.

# JAGDEN

In die Wirren der Vergangenheit, in weit zurückliegende Ge-
schichte,
in bedrohliche, verworrene Nadelwälder und Walddickichte,

mit an Zaum und Mähne festgekrallter Hand
treiben schwarze Jäger auf Pferden.

Aufgeblähte Nasenlöcher, geduckter Oberkörper,
verkniffener Mund, angestrengter Blick –

sie sausen dahin wie Wirbelwinde in schwarzem Galopp
auf fragiler Fährte, auf geringer Spur.

Welcher Art ist diese Begeisterung, die ihnen den Blick erwei-
tert?
Was suchen sie? Welche Bestie?

Welcher Art ist dieser Drang, der ihnen die Brust anschwellen
lässt,
eines Ritters würdig, eines Mannes würdig?

Es treiben die Jäger in weit zurückliegende Geschichte,
wo die Fährte zuwächst und die Spur schwarz wird,


in den Wirren der Vergangenheit mit der Hartnäckigkeit einer
    Ameise
suchen sie Großmütter, jüdische Großmütter,


jüdische Großmütter ihres Nächsten,
ihres erbitterten Feindes, ihres guten Freundes,


und so sie eine Großmutter wie eine Hirschkuh wittern,
sind da Zinken, Trompeten, Hörner und Geläut!


O herrliche Jagden! O, stolze Jagden
in den geheimen, privaten Geschichten des Alkovens!


O, ihr großen, hochmütigen, erhabenen Spuren,
würdig der Ritter und würdig der Lobpreisung!

                                                                    {1937}

# RÜCKKEHR

Wasserfälle bereits ausgedonnert. Ruhige Strömung flutet
    heran
mit breiter Linderungswelle. Die Wolke erstarrt im Morgen-
    grauen.
Es rollen unsichtbare Kegel weit entfernter Planeten,
die Bienen sammeln aus Stielen warmen und flüssigen Honig.
Woher diese Helligkeit? Von dort. Es duftet der junge Wald,
ein Strahl weißen Glanzes rollt und rauscht,
und sechzehnjährige Hexen in hohen Sprüngen
suchen im Gras die in dieser Nacht aus den Nestern gefalle-
    nen Waldküken.


In den Wald tritt Minerva, die Göttin reifer Weisheit,
aus Erfahrungen gewonnen, die Ordnung herstellt,
richtet ein gelassenes Auge auf die ausgedonnerten Gewässer,
rückt das Sträußchen Olympveilchen an ihrem Gewand zu-
    recht
und sagt:


„Wirf einen gemusterten Vorhang über die geheimen Dinge,
in denen man keine Umrisse versteckter Bedeutungen entde-
    cken kann.
Finde dich ab mit dem Anschein. Verbinde dich eng mit der
    Welt:

nicht mithilfe anstrengenden Verstehenwollens, sondern bele-
bender Liebe.
Beschleunige deine feierliche Rückkehr zu alten Wahrheiten
beim Klang von Messingtrompeten und starkem Flattern von
Bändern,
von Zinken, Trommeln und Flöten. Es genügt, das Böse als
böse anzuerkennen,
und schon weißt du, was du zu meiden hast, und das Brum-
men des Orchesters naht.
Geh zurück zu den herzlichen Umarmungen zärtlicher Fami-
lienliebe,
langen Händedrücken einer schönen Hand und starker
Freundschaft,
frommen und bescheidenen Gedanken, unbekümmertem
Zeitvertreib,
ununterbrochener Arbeit an einem würdigen Werk.
Schließlich such ab jetzt keine große Liebe zu dem Ehemann:
es gibt keine sichtbaren Anzeichen für deren Diagnose.
Wähle einen mutigen jungen Mann und schwöre ihm einen
zärtlichen Eid,
und eine schnelle Flamme springt von den leicht entzündba-
ren Lippen auf das Herz über."


Milde Landschaften ausgegossen wie Seen,
aus Träumen hinausführende Quellen, überfluteten alle Ab-
gründe.
Sie segeln auf ihnen. Es ist eine Rückkehr mit auf dem Mast
aufgerollter Fahne,

zu Dingen, die ich versäumt oder nicht rechtzeitig bemerkt
habe –


Und da bin ich, eingedenk der Warnungen, und sehe und
sehe um mich herum
Dinge voll der Harmonie, der Lichter, wunderschöner For-
men
und edlen Maßes. Kein Sturm naht,
die Welle ist flach wie Glas. Und wird nicht mehr zerbrechen.
Das ist Ruhe.

{1938}

## EPITAPHIUM

… Und als durch einen dunklen Nadelwald ein dunkles Tal
    floss,
auf Schildkröten gleitend, sich in hohen Ameisenhaufen fest-
    fahrend,
in Quellbäche springend, auf Moose fallend, jagte ich
deinem flüchtigen Lächeln nach, das durch die Nebel auf-
    leuchtete.


… Nichts von deinem Gesicht blieb übrig. Nichts – nur kom-
    plexe Züge,
im vorhandenen Auge ein Gesicht, deines früheren Gesichts
    Skelett.
Fliegende Wolken von Gedankenketten, als durch Winde ver-
    stört,
fielen vom Antlitz wie von Bergen, so dass ich sie jetzt aus-
    machen könnte.


… So also ist dein Lächeln! Blaue Fregatten der Erinnerun-
    gen,
rosa Fregatten der Wünsche, zuvor zum Flug ausgebreitet,
bedeckten es mit ihren Segeln. So also ist deine Stirn! Die
    Schläfen!
Der Mund! Ein Bild der Liebe verhüllte deinen Mund bis da-
    hin.

{1939}

MAI 1939

Mal keimt Hoffnung in mir hoch,
mal bin ich ruhelos.
Zu viele Dinge passieren –
etwas kommt: Liebe oder Krieg.

Es gibt Zeichen für Krieg:
Kometen, Botschaften, Ansprachen.
Es gibt Zeichen für Liebe:
das Herz, Schwindelgefühle.

Ein nächtlicher Komet leuchtete auf,
die Tageszeitung eilte herbei.
O Frühling, o Frühling der Liebe,
Nein, nicht der Liebe. Des Krieges!

Der Hochfrühling kam
und brachte Träume mit sich.
O Frühling, o Frühling des Krieges,
Nein, nicht des Krieges. Der Liebe!

Ich lese täglich die Beilagen,
die Schlüsse aus den Beilagen erträume ich,

ich zerzupfe Blütenblätter:
er liebt... mag... schätzt.


Folgenreich! Ahnungsvoll! O Frühling
so anders als andere Frühlinge!
Was auch immer du mir bringst,
alles werde ich annehmen und ertragen.


Zum Mai stehe ich am Scheideweg
von sich kreuzenden und gegensätzlichen Straßen,
wenn beide diese Straßen dein sind,
führen sie zu letzten Dingen.


Die Sehnsucht zieht herauf mit einer Wolke,
Nachrichten fließen aus dem Radio.
Ob ich gehe, ob ich bergwärts gehe,
oder gehe ich durch ein Tal?

{1939}

## IM KAMPF UM GUTE ERNTE

Wenn die Schlacht zu Ende ist und die Kugelhülsen erkalten,
feierst du den Sieg mit weißem Marmor und Epos.
Und hier werden Kämpfe ausgetragen. Plötzlich Frühlings-
    morgengrauen,
und sie zeigen dir ein wie ein Feuerschein gedeihendes Ge-
    biet,
sie zeigen dir ein Gebiet von Rübenfeldern.
Lass deine Saite sie rühmen, blitzend und donnernd.


Tiefer unter einem kräftigen Blatt saftiges Gemüse
mit lebhaft anschwellender Süße wie dein Blut,
als plötzlich ein Panzer knirscht, die schwarze Rüstung
    knackt,
und ein harter und gieriger Mistkäfer herbeikriecht und an-
    greift.
Durchbohrtes Fruchtfleisch trocknet aus, Brand überzieht die
    Blätter.
An die Waffen! Hier greift der Feind nach guter Ernte.


Woher erhebt sich Entsatz? Schnell und grausam
lass auf den Feind einhacken – im Kampf gibt es keine
    Gnade.
Wie viele Mädchen haben Glanz in den verdrossenen Augen,
wenn sie mit sich wiegendem festlichem Zopf

sanftmütige, silbrige Hühner über butterweiche Daunen füh-
        ren,
auf den Feldern Entsatz und künftigen Überfluss bringend.


Der Vogelschnabel schnellt wie ein Bajonett, die Vorzeichen
        des Kampfes wenden sich.
Im Granit verewigen sich Zopf und butterweiche Federn,
lass sie preisen mit einem leidenschaftlichen Gedicht als Zä-
        sur;
die Jahre, die kommen, lass ein Lied davon erzählen,
wie auf diesen Feldern im pflanzlichen Grün
sich grober, holpriger Pathos erhob und neue Tage schuf.

{1941}

\*\*\*

*Non omnis moriar* – meine stolzen Güter,
Tischdeckenwiesen, Festungen standhafter Schränke,
die Weiten der Bettlaken, sehr kostbares Bettzeug
und Kleider, helle Kleider bleiben von mir zurück.
Ich habe hier keinen Abkömmling hinterlassen,
so soll deine Hand in jüdischen Dingen wühlen,
Chominowa, aus Lwów, eines tücht´gen Spitzels Frau,
Denunziantin flink, eines Volksdeutschen Mutter.
Dir, den Deinen lass sie dienen, denn wozu Fremden?
Ihr Meinen – da ist keine Laute, kein eitler Nam´.
Ich werde an euch denken, denn als die Schupo kam,
habt ihr auch an mich gedacht. Sie an mich erinnert.
Lass meine lieben Freunde beim Zechen nur sitzen
und mein Begräbnis und eig´nen Reichtum begießen:
Kelims und Wandteppiche, Schüsseln und auch Leuchter –
Lass sie die ganze Nacht trinken und im Morgenrot
nach Edelsteinen und Gold zu suchen beginnen
in Kanapees, Matratzen, Bettdecken, Teppichen.
O, wie ihnen das Werk in den Händen brennen wird,
ein Durcheinander von Rosshaaren und Meeresgras,
Schwaden aufgeschlitzter Kissen, Wolken von Dauen
an ihren Händen haftend, statt Armen jetzt Flügel;
mein Blut ist es, das Werg mit frischen Daunen verklebt
und die Beflügelten jäh in Engel verwandelt.

{1942}

# NACHWORT

Zuzanna Ginczanka (eigentlich Sara Polina Gincburg) wurde am 22. März 1917 in Kiew als Tochter assimilierter russischer Juden geboren. Auf der Flucht vor der Oktoberrevolution gelangte die junge Familie nach Riwne (polnisch: Równe), das ab 1921 wieder zu Polen gehörte und heute in der Ukraine liegt. Ihre Eltern suchten bald ihr Glück in Deutschland und den USA bzw. in Spanien, weshalb Ginczanka bei ihrer Großmutter aufwuchs, die im Zentrum der Stadt eine Gemischtwarenhandlung betrieb. Trotz ihrer russischsprachigen engsten Umgebung entschied sich Ginczanka für das Polnische als Sprache ihrer Dichtkunst, die sie bereits in ganz jungen Jahren praktizierte. Von 1927 bis 1935 besuchte sie ein staatliches polnischsprachiges Gymnasium in Równe und veröffentlichte schon zu Schulzeiten erste Gedichte, darunter *Augustfruchtbarkeit* (1933) in der Wochenendbeilage einer landesweit erscheinenden Zeitung. Ihr Beitrag zu einem Nachwuchswettbewerb, an dem sie auf Einladung des Lyrikers Julian Tuwim (1894-1953) teilnahm, wurde ausgezeichnet und 1934 in der führenden Literaturzeitschrift *Wiadamości Literackie* veröffentlicht (*Grammatik*). 1935 begann sie ein Pädagogikstudium an der Universität Warschau.

In Warschau konnte sie sich rasch als Star der Literaturszene etablieren und verkehrte mit den führenden polnischen Schriftstellern wie Tuwim und Witold Gombrowicz (1904-1969). 1936 veröffentliche sie im renommierten Verlag Przeworski ihren einzigen Gedichtband *Von Zentauren* (*O Centaurach*), der auf großes Echo stieß. Ginczanka, die Hochbegabte, war damals 19 Jahre alt. Sie zog durch erlesene Lyrik, aber auch durch ihre fesselnde äußerliche Erscheinung, die Zeitgenossen zum Beispiel mit der Schönheit einer byzantinischen Ikone gleichsetzten, in ihren Bann. Dessen ungeachtet war Ginczanka nach Zeitzeugenberichten oft schüchtern und neigte zu Erröten und Stottern, wenn sie in Verlegenheit geriet. Eine Videoaufnahme von 1936, in der sie in einem Warschauer Tanzlokal tanzend für einige Sekunden etwas unsicher und suchend in die Kamera blickt, scheint diesen Eindruck zu bestätigen.

Ginczanka ist außerhalb Polens heute nur wenig bekannt. Der vorliegende Band erschließt dem deutschsprachigen Leser mittels einer repräsentativen Auswahl das Werk dieser bedeutenden Dichterin der Zwischenkriegszeit. Hier gibt es unkonventionelle, mystisch-visionäre, sinnliche und hellsichtig-ironische Lyrik von zeitloser und universeller Qualität zu entdecken, die Ginczanka zu Papier gebracht hatte, ehe ihrem Leben durch die Nazigräuel ein gewaltsames frühes Ende gesetzt wurde.

In dem titelgebenden Gedicht des Gedichtbands *Von Zentauren* geht es nicht um die gewöhnlich als lüstern, brutal und gesetzlos beschriebenen Mischwesen der griechischen Mythologie, die allein ihren animalischen Instinkten verpflichtet sind. Ginczankas Zentauren sind dem Grundkonflikt zwischen ihrer menschlichen und tierischen Natur entronnen und haben beide Naturen, die sich zueinander komplementär verhalten, emblematisch und organisch miteinander verbunden. Die Essenz dieser beiden Naturen ist Weisheit und Leidenschaft. Ginczankas Konzeption der Zentauren erzielt somit eine Verschmelzung der Kategorien von *ratio* und *sensus* und hat eine gewisse Ähnlichkeit mit dem als weise und gütig beschriebenen Zentaur Cheiron, der Achilles und andere mythologische Helden erzogen haben soll.

In der Fusion von Weisheit und Leidenschaft liegt der Kern des poetischen und philosophischen Selbstverständnisses Ginczankas; diese Verbindung soll den Weg zu einem besseren (weil erfüllteren) und wahrhaftigeren Leben weisen. Für Ginczanka ist Dichtung essenzielle Ingredienz der *conditio humana*, und die Bildwelt der Antike ist neben alttestamentarischen und asiatischen Stoffen sowie der slawischen Mythologie und Folklore nur eine Komponente der kulturgeschichtlichen Leinwand, die sie vor den Augen des faszinierten Lesers mit großer Kunstfertigkeit entrollt. Insoweit lässt sich Ginczankas Lyrik, die formal überwiegend an traditionelle Muster anknüpft und den Inhalt regelmäßig über die Form stellt, im Sinne von Kontinuität interpretieren.

Doch Ginczankas Werk ist auch ikonoklastisch und moderat modernistisch. Zum einen werden überlieferte Stoffe zum Teil durch Ironie verfremdet bzw. neu interpretiert, wodurch ihnen völlig neue Facetten abgerungen werden. In *Klarstellung am Rande* adaptiert sie etwa den Schöpfungsbericht der Genesis und stellt klar, weder aus Staub entstanden zu sein noch zu Staub zurückzukehren, um dann weiter zu sagen: „*Ich selbst bin Himmel sowie gläserne Decke*". Während sich dieser Text als Bekenntnis einer emanzipierten modernen Frau lesen lässt, behandelt er gleichzeitig die schwierige Frage der Suche nach Identität des Menschen der Moderne, aber insbesondere auch Ginczankas eigene Suche und ihr Bemühen um Assimilation als staatenlose Jüdin im Polen der ersten Hälfte des zwanzigsten Jahrhunderts.

Zum anderen treten modernistische Manifestationen – aber auch die Kritik daran – in der Beschreibung von Beton- und Stadtlandschaften (in *Hochmut*) und der Gegenüberstellung von behüteter Lebensführung „*in hermetischen Würfelchen gleich einer Thermoskanne aus Stahl*" mit einer lustvoll-sinnlich kolorierten Natur (in *Jungfräulichkeit*) bzw. von Krieg mit Natur (z.B. in *Wege*) in Erscheinung. Das Schwergewicht liegt hier auf der sensuellen Verklärung der Natur, auch als Rückzugsraum von den Verirrungen und Krankheiten der Zivilisation, die mit einem pazifistischen Leitmotiv einhergeht. Doch entlehnt Ginczanka aus der Botanik auch immer wieder Metaphern für die Beschreibung der Schrecken des Krieges. So steht etwa die Schwarzkirche für Gewehrkugeln.

Modernistisch ist zudem die von Ginczanka gebrauchte Interpunktion: *Grammatik* beginnt mit einer geöffneten Klammer. Häufige Gedankenstriche ersetzen Punkte und sonstige Satzzeichen, woraus sich ein eigener Duktus ergibt, der in der vorliegenden Übersetzung so weit wie möglich beibehalten wurde.

Die erwähnte Mehrdeutigkeit der Darstellung der Natur zeigt beispielhaft die Komplexität der Entwicklungslinien in der Dichtung Zuzanna Ginczankas auf: Viele ihrer Texte weisen einen optimistischen Grundton sowie eine Leichtigkeit und Vitalität auf, die den Leser schnell für sich vereinnahmen können (z.B. *Anstelle eines rosaroten Briefes*, *Grammatik*, *Fröhliche Mythologie*). Diese Wirkung wird oft dadurch verstärkt, dass sich die Dichterin ganz direkt an den Leser wendet bzw. diesen anspricht (z.B. „*schau*", „*sieh her*"). In *Pantheistisch* bezeichnet sie sich selbst gar als „*fröhlichen Propheten*", was wiederum im Einklang mit dem Motiv des Zentauren gelesen werden kann. Diesem Optimismus steht auch schon in Ginczankas Frühwerk ein melancholisch-sentimentaler Zug gegenüber, verbunden mit Todesahnungen und dunklen Tönen, die die bevorstehende Katastrophe des zweiten Weltkriegs antizipieren. „[I]*n mir ist ein unabwendbarer Tod, wie eine in den Venen kreisende Nadel*", heißt es in *Physiologie*. In *Fremdheit* wird das „*mir*" durch ein „*dir*" ersetzt, doch bleibt der Tod unabwendbar. Das atmosphärisch besonders dichte Gedicht *Feuervogel* beginnt mit den Worten „[i]*ch kenne meine Erfüllung nicht, so wie ich meinen Tod nicht kenne*". „*Du stirbst, altes Europa*", stimmt Ginczanka in

*Agonie* einen katastrophistisch anmutenden Abgesang an. Gewissermaßen zwischen diesen grob skizzierten Linien stehen satirisch-ironische Gedichte (z.B. *Worte im Wind, Presse, Sterne*) sowie Werke, in denen eine starke erotische Sinnlichkeit zum Ausdruck kommt (z.B. *Verrat, Canticum canticorum, Der Tag*).

Zentral in Ginczankas Werk ist die Rückbesinnung auf das Wort, seine Schönheit und Wirkmächtigkeit, aber auch seine Anfälligkeit für vielfältigen Missbrauch. Ginczanka unterstreicht die für sie existenzielle Bedeutung des Worts in *Konjugation*, wo sie schreibt, wie mit Brot mit dem Wort ihren Hunger zu stillen, was man freilich auch als ironischen Seitenhieb auf die Schwierigkeit verstehen kann, sich mit Lyrik ein Auskommen zu sichern. In demselben Gedicht spricht sie davon, dass Worte mit ihrer Klinge Dinge zum Glänzen bringen können, womit ihr eine überaus treffende Metapher für das Wirken des Dichters gelingt. In *Grammatik* rät sie dazu, die Wörter „*in die Hand zu nehmen und wie Burgunder im Licht zu betrachten*", um in sie hineinzuwachsen und sie liebzugewinnen. Gleichzeitig bietet sie darin eine philologisch-philosophische Beschreibung der Wortarten, die in ihrer Einfühlsamkeit und Klarsicht als eine poetische Liebeserklärung an Sprache an sich gelesen werden kann.

In *Prozess* ist nicht wie im Johannesevangelium das Wort Fleisch geworden, sondern das Fleisch zum Wort. Da es bei Johannes um die Menschwerdung Gottes geht, kann

man Ginczanka so verstehen, dass aus dem Fleisch gött-
liches Wort – im Sinne von Wahrhaftigkeit – entstehen
kann; im Griechischen des Johannesevangeliums steht
„Wort" (*logos*) ja auch für Vernunft und Weisheit. So sto-
ßen wir in der Dichotomie von Fleisch und Wort wieder
auf die Zentaurenmetapher. Zudem manifestiert sich da-
rin Ginczankas Überzeugung, dass das dichterische
Wort der Realität gleichwertig werden kann: In *Inhalt*
werden etwa Begebenheiten durch Sätze geboren wie
durch Mütter. Zu Ginczankas Konzeption der existenti-
ellen Bedeutung des Wortes passt auch, dass sie in *Das
Eine* den Zustand der Wortlosigkeit – also die Abwesen-
heit des Wortes – mit einer arktischen Vergangenheit as-
soziiert. In *Inhalt* schafft sie eine Synthese von Wort und
Substanz, wenn sie von „*mit Fleisch bewachsenen Worten*"
spricht. Eine weitere Facette des Worts bei Ginczanka
ist die konstitutive Kraft des gedachten „*ich*" für das in-
dividualistische Grundverständnis des Menschen der
Moderne in *Hochmut*, in dem sie auch eine Wurzel der
Einsamkeit erkennt.

Doch dem Wort wohnt die Gefahr der Oberflächlich-
keit, der Unaufrichtigkeit und des Missbrauchs inne: In
*Hochmut* streuen weibliche warme Zungen Worte in den
Wind. In dem ironisch-satirischen Gedicht *Worte im
Wind*, das Ginczankas soziales Engagement hervortreten
lässt, entpuppen sich feierliche Erklärungen über ver-
sprochene Winterhilfezahlungen an Bedürftige als nichts
als leere Worte. In *Wege* entlarvt sie schließlich Slogans
und Durchhalteparolen, für die Worte herhalten müssen,

und erkennt in propagandistischem Pathos und Epos Triebfedern des Krieges (*Im Kampf um gute Ernte, Das Eine, Agonie*).

Am 2. Juli 1939 erschien Ginczankas Gedicht *Mai 1939* auf der Titelseite der *Wiadamości Literackie*. Darin stellt sie in nur scheinbar naivem Ton fest, dass etwas komme, nämlich Liebe oder Krieg. Die Bedeutung dieses Texts als hellsichtige Vorwegnahme des Ausbruchs des zweiten Weltkrieges erschließt sich unmittelbar dann, wenn man den Kontext dieser Veröffentlichung in Betracht zieht. Ginczankas Gedicht ist von einer ganzseitigen Analyse des Faschismus in Italien umrahmt, und die Gegenüberstellung von Liebe und Krieg ist nichts als bittere Ironie.

*Wohnhaus in der ulica Jabłonowskich 8/8A in Lemberg, in dem Ginczanka ab 1939 wohnte.*

Schon vor *Mai 1939* hatte sich der Ton in Ginczankas Texten verdunkelt: In *Jagden* von 1937 etwa seziert sie mit treffsicherem Sarkasmus den im nationalsozialistischen Deutschland geforderten Nachweis „rein arischer Abstammung" als wirre Suche fiebriger, ritterartiger Jäger nach jüdischen Großmüttern. Rund zwei Monate nach der Veröffentlichung von *Mai 1939* begann mit dem Einfall deutscher Truppen in Polen der zweite Weltkrieg. Auf der Flucht vor den Nazis kehrte Ginczanka zunächst kurz ins heimatliche Równe zurück, ehe sie sich ab 1939 im von der Roten Armee besetzten Lwów (Lemberg; heute: Lwiw, Ukraine) niederließ.

*Detailansicht (ulica Jabłonowskich 8/8A)*

Unmittelbar nach Beginn der deutschen Besatzung Lembergs Ende Juni 1941 kam es zu schweren Pogromen gegen Juden sowie der Errichtung eines Ghettos.

Ginczanka gelang es, sich dem Zugriff der deutschen Behörden zu entziehen, ehe sie aus zusehends auswegloser Lage 1942 nach Krakau floh, wo sie 1944 aufgegriffen und verhaftet wurde. Auch unter Folter bekannte sie ihre jüdischen Wurzeln nicht ein und berief sich auf gefälschte armenische Papiere. Kurz vor Kriegsende – gegen Ende 1944 oder Anfang 1945 – wurde sie von den Nazis ermordet. Ginczanka wurde nur 27 Jahre alt.

Zuzanna Ginczanka verfasste ihr letztes erhaltenes Gedicht 1942. Es ist titellos und wurde im posthumen Erstabdruck von 1946 mit drei Sternen überschrieben. 1942 wohnte Ginczanka in einem Gebäude in der ulica Jabłonowskich 8A in Lemberg (heute ist die Straße nach dem georgischen Dichter Schota Rustaveli benannt) und wurde von ihrer Vermieterin bei den deutschen Besatzungsbehörden denunziert. Trotz widrigster Umstände gelang ihr die Flucht. Ihr aufwühlendes und ergreifendes Gedicht bezieht sich auf diesen Vorfall. Dabei handelt es sich um einen vielschichtigen, konzisen und gleichzeitig desillusionierten Text, der explizit auf das Werk zweier europäischer Dichter Bezug nimmt.

Zum einen ist da das einleitende Zitat des Halbverses „*Non omnis moriar*" (Ich werde nicht ganz sterben) aus den Oden des Horaz (3,30), in dem der Dichter gebannt auf das Denkmal seines eigenen Werks blickt, das beständiger als Erz sei und für das er einfordert, von Melpomene mit delphischem Lorbeer bekränzt zu werden.

*Eingang (ulica Jabłonowskich 8A)*

Dank seines Werkes werde ein großer Teil seiner selbst dem Tod entgehen. Dem einleitenden „*Non omnis moriar*" ihres Gedichts stellt Ginczanka die wenigen, unbedeutenden Alltagsgegenstände gegenüber, die das von ihr zurückbleibende Hab und Gut bilden. Diese werden grotesk-ironisch überhöht dargestellt (z.B. „*Festungen stand-hafter Schränke*"). Nichts davon kann für sich in Anspruch nehmen, beständiger als Erz zu sein – die in Ginczankas Dingen wühlenden Nachbarn stoßen auch auf kein vermeintliches „jüdisches Gold" – und ihr poetisches Weiterleben zu sichern.

Zum anderen paraphrasiert und parodiert Ginczanka *Mein Testament* des nationalromantischen polnischen Dichters Juliusz Słowacki (1809-1849). In den letzten Zeilen von *Mein Testament* geht es um die Verwandlung von Menschen in Engel durch die Kraft der Poesie und die dadurch erzielte Vervollkommnung der polnischen Nation.

*Rückseite (ulica Jabłonowskich 8/8A), über die Ginczanka die Flucht gelang*

Auch in Ginczankas Gedicht kommt es zu einer Metamorphose, doch sind es die, die sich an ihren Besitztümern vergreifen, die in Engel verwandelt werden. Die nationalromantischen Ideen Słowackis haben sich als trügerisch erwiesen: Die in Ginczankas Gedicht namentlich genannte polnische Vermieterin kollaboriert mit den Nazibehörden.

Agnieszka Grudzińska hat darauf hingewiesen, dass Ginczanka in diesem ironischen, zornigen und bitteren Testament sich gewissermaßen von den durch Horaz und Słowacki repräsentierten humanistischen Errungenschaften der europäischen Kultur lossagt, die das Abgleiten in die Barbarie von Totalitarismus und Rassenwahn nicht aufhalten konnten. Die Versprechen einer erfolgreichen Assimilation haben sich als nichtig herausgestellt: Obwohl sich Ginczanka als bedeutende Dichterin der polnischen Sprache etabliert hat, wird sie von ihrer antisemitischen Vermieterin denunziert und steht als Ausgeschlossene da, der nur übrigbleibt, ihre *„jüdischen Dinge"* an ihre Denunziantin und Nachbarn zu legieren.

So legt Ginczankas titelloses letztes Gedicht, das im dreizehnsilbigen polnischen Alexandriner abgefasst ist, Zeugnis ihrer persönlichen Tragödie, aber zugleich auch der des jüdischen Volkes, ab.

Ginczankas Text blieb nicht folgenlos: Nach Kriegsende diente er als Beweismittel in einem Gerichtsprozess gegen die Vermieterin und deren Sohn vor einem Warschauer Gericht, in dem die Vermieterin zu einer Haftstrafe von vier Jahren verurteilt wurde. Gleichzeitig hat Ginczanka mit ihrem letzten Gedicht ein berührendes Meisterwerk der europäischen Holocaustliteratur geschaffen, das in einer Reihe mit Werken wie Paul Celans (1920-1970) *Todesfuge* steht. Der Dichterin Anna Kamieńska (1920-1986) zufolge hätte Ginczanka selbst dann einen bleibenden Platz in der polnischen Literatur gefunden, wenn sie nur dieses eine Gedicht hinterlassen hätte.

*Bernhard Hofstötter*

Zeitfracht Medien GmbH
Ferdinand-Jühlke-Straße 7
99095 Erfurt, Deutschland
produktsicherheit@kolibri360.de